¡Vaya

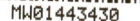

por **Barbara Shook Hazen**

ilustrado por **Doris Rodríguez**

traducido por **Esther Sarfatti**

Bebop Books

An imprint of LEE & LOW BOOKS Inc.

¡Qué calle más sucia!

Recogemos las latas.

Recogemos los vasos.

Recogemos las cajas.

Recogemos las botellas.

Recogemos los papeles.

¡Qué calle más limpia!